AF261026

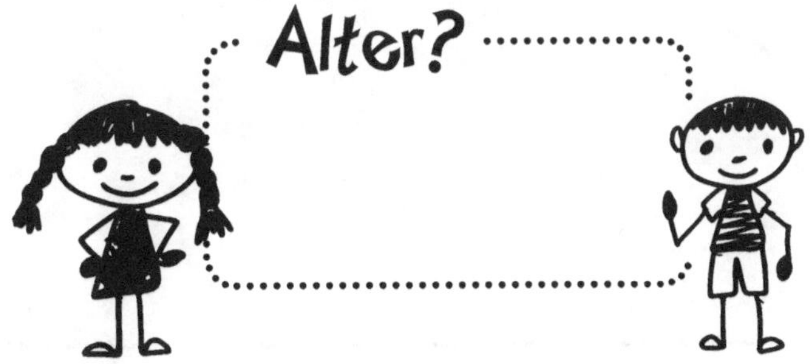

Wann und wo wurde es gesagt? _______________ Alter?

Wer hat es gehört? _____________________

99

Wann und wo wurde es gesagt? _______________ Alter?

Wer hat es gehört? _____________________

99

Wann und wo wurde es gesagt? _______________

Wer hat es gehört? _______________

Wann und wo wurde es gesagt? _______________ Alter?

Wer hat es gehört? _____________________

"

"

Wann und wo wurde es gesagt? _______________ Alter?

Wer hat es gehört? _____________________

"

"

Wann und wo wurde es gesagt? _______________________

Wer hat es gehört? _______________________

Alter?

Wann und wo wurde es gesagt? _______________ Alter? __________

Wer hat es gehört? _______________________

Wann und wo wurde es gesagt? _______________ Alter? __________

Wer hat es gehört? _______________________

Wann und wo wurde es gesagt? _______________________

Wer hat es gehört? _______________________

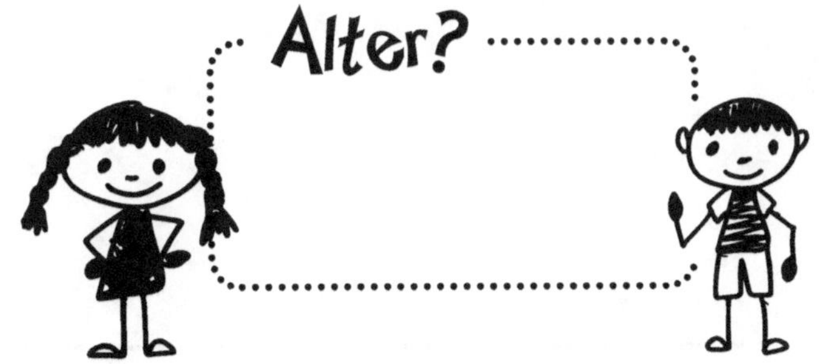

Wann und wo wurde es gesagt? _______________ Alter?

Wer hat es gehört? _______________________

„

"

Wann und wo wurde es gesagt? _______________ Alter?

Wer hat es gehört? _______________________

„

"

Wann und wo wurde es gesagt? _______________________

Wer hat es gehört? _______________________

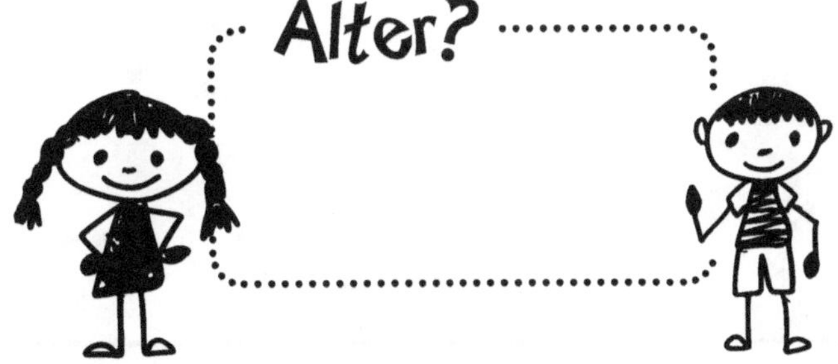

Wann und wo wurde es gesagt? _______________   Alter?

Wer hat es gehört? _____________________

„

"

Wann und wo wurde es gesagt? _______________   Alter?

Wer hat es gehört? _____________________

„

"

Wann und wo wurde es gesagt? ___________________

Wer hat es gehört? ___________________

Alter?

Wann und wo wurde es gesagt? _______________ Alter? _______

Wer hat es gehört? _____________________________

"

Wann und wo wurde es gesagt? _______________ Alter? _______

Wer hat es gehört? _____________________________

"

Wann und wo wurde es gesagt? _______________

Wer hat es gehört? _______________________

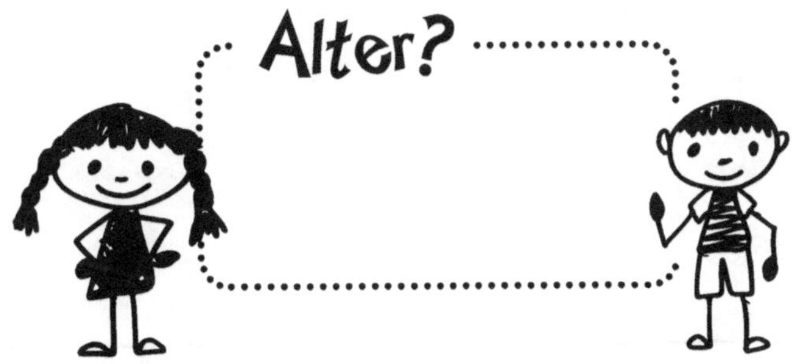

Alter?

Wann und wo wurde es gesagt? _______________ Alter? ____

Wer hat es gehört? _______________________

Wann und wo wurde es gesagt? _______________ Alter? ____

Wer hat es gehört? _______________________

Wann und wo wurde es gesagt? _______________

Wer hat es gehört? _______________

Alter?

15

Wann und wo wurde es gesagt? ________________ Alter?

Wer hat es gehört? ________________

Wann und wo wurde es gesagt? ________________ Alter?

Wer hat es gehört? ________________

Wann und wo wurde es gesagt? ________________

Wer hat es gehört? ________________

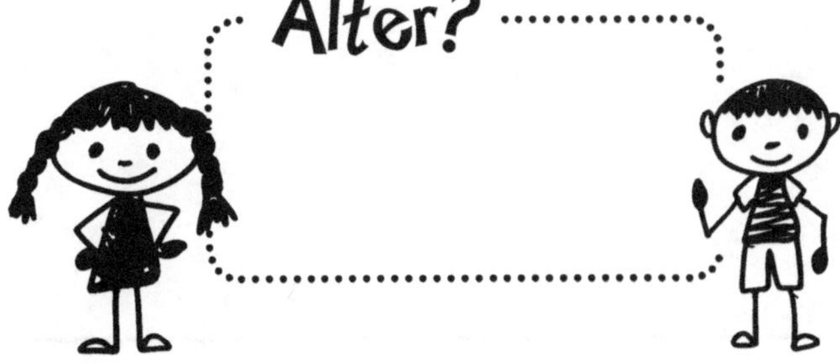

Wann und wo wurde es gesagt? _______________   Alter?

Wer hat es gehört? _____________________________

"

"

Wann und wo wurde es gesagt? _______________   Alter?

Wer hat es gehört? _____________________________

"

"

 Wann und wo wurde es gesagt? _______________

Wer hat es gehört? _______________________

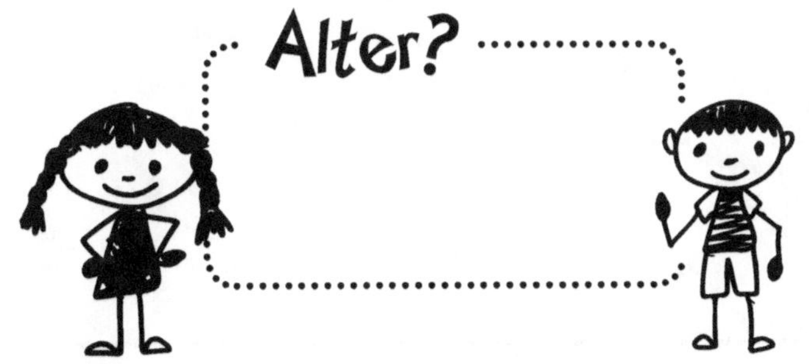

Wann und wo wurde es gesagt? _______________ Alter?

Wer hat es gehört? _______________________

,,

Wann und wo wurde es gesagt? _______________ Alter?

Wer hat es gehört? _______________________

,,

Wann und wo wurde es gesagt? _______________________

Wer hat es gehört? _______________________

Alter?

Wann und wo wurde es gesagt? _______________

Wer hat es gehört? _______________________

,,

~~~~~~

Wann und wo wurde es gesagt? _______________

Wer hat es gehört? _______________________

,,
~~~~~~

Wann und wo wurde es gesagt? _______________

Wer hat es gehört? _______________

Wann und wo wurde es gesagt? _______________ Alter?

Wer hat es gehört? _______________________

,,

''

Wann und wo wurde es gesagt? _______________ Alter?

Wer hat es gehört? _______________________

,,

''

Wann und wo wurde es gesagt? _______________
Wer hat es gehört? _______________

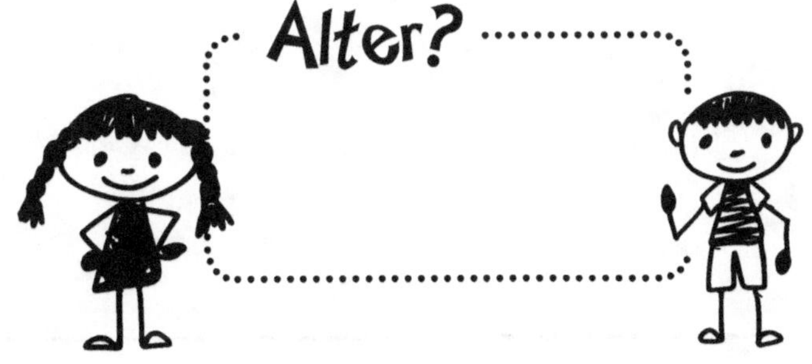

Alter?

Wann und wo wurde es gesagt? ________________ Alter?

Wer hat es gehört? ________________________

,,

,,

Wann und wo wurde es gesagt? ________________ Alter?

Wer hat es gehört? ________________________

,,

,,

 Wann und wo wurde es gesagt? _______________

Wer hat es gehört? _______________

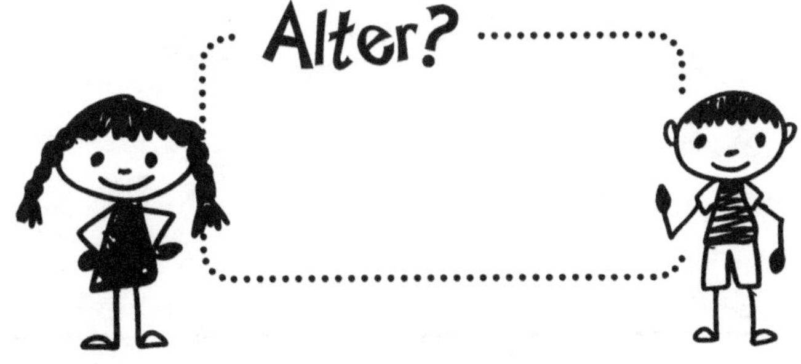

Wann und wo wurde es gesagt? _______________ Alter?

Wer hat es gehört? _______________

,,

''

Wann und wo wurde es gesagt? _______________ Alter?

Wer hat es gehört? _______________

,,

''

Wann und wo wurde es gesagt? _______________

Wer hat es gehört? _______________

Wann und wo wurde es gesagt? _______________ Alter?

Wer hat es gehört? _______________________

„

"

Wann und wo wurde es gesagt? _______________ Alter?

Wer hat es gehört? _______________________

„

"

Wann und wo wurde es gesagt? _______________

Wer hat es gehört? _______________

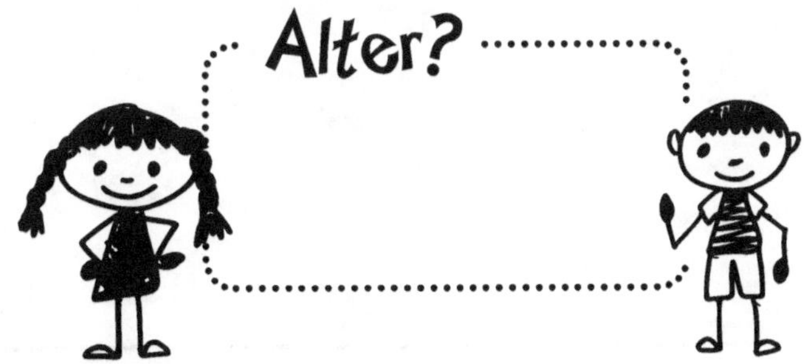

31

Wann und wo wurde es gesagt? _______________ Alter?

Wer hat es gehört? _______________________

,,

,,

Wann und wo wurde es gesagt? _______________ Alter?

Wer hat es gehört? _______________________

,,

,,

Wann und wo wurde es gesagt? ___________________

Wer hat es gehört? _______________________________

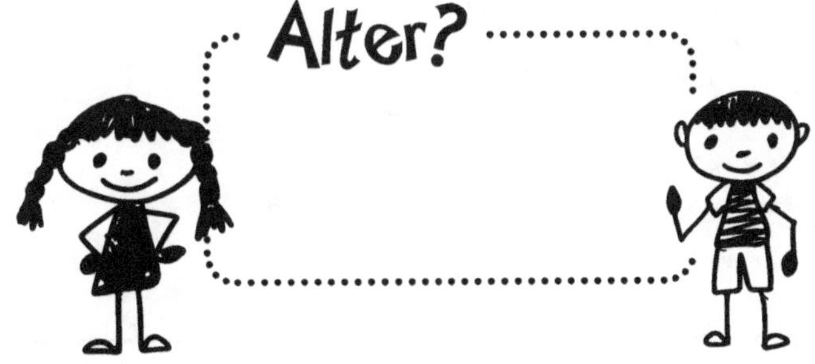

Wann und wo wurde es gesagt? _______________   Alter?

Wer hat es gehört? ___________________________

,,

''

Wann und wo wurde es gesagt? _______________   Alter?

Wer hat es gehört? ___________________________

,,

''

Wann und wo wurde es gesagt? ___________________

Wer hat es gehört? ___________________

Alter?

Wann und wo wurde es gesagt? _______________   Alter?

Wer hat es gehört? _______________________

„

____

“

Wann und wo wurde es gesagt? _______________   Alter?

Wer hat es gehört? _______________________

„

____

“

Wann und wo wurde es gesagt? _______________

Wer hat es gehört? _______________

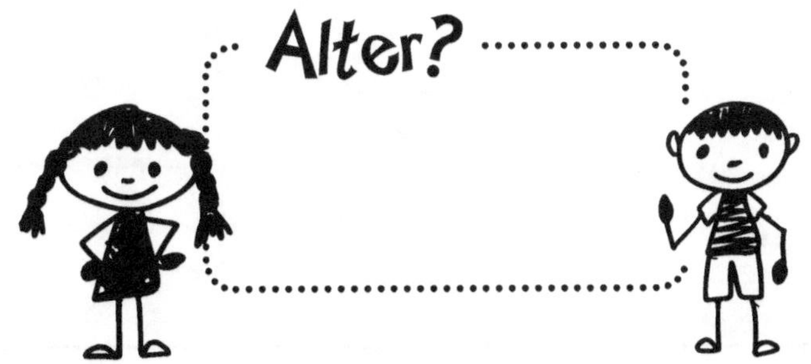

Wann und wo wurde es gesagt? _______________ Alter? ⋯⋯⋯⋯⋯

Wer hat es gehört? _______________________

„

"

Wann und wo wurde es gesagt? _______________ Alter? ⋯⋯⋯⋯⋯

Wer hat es gehört? _______________________

„

"

Wann und wo wurde es gesagt? _______________

Wer hat es gehört? _______________

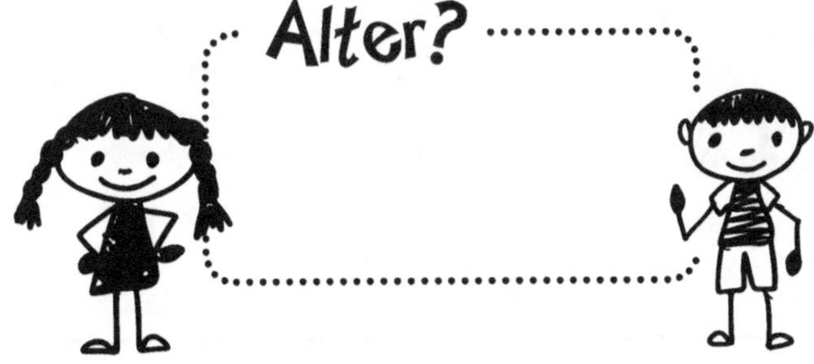

Wann und wo wurde es gesagt? _______________ Alter?

Wer hat es gehört? _______________________

„

„

Wann und wo wurde es gesagt? _______________ Alter?

Wer hat es gehört? _______________________

„

„

Wann und wo wurde es gesagt? ____________________

Wer hat es gehört? ____________________

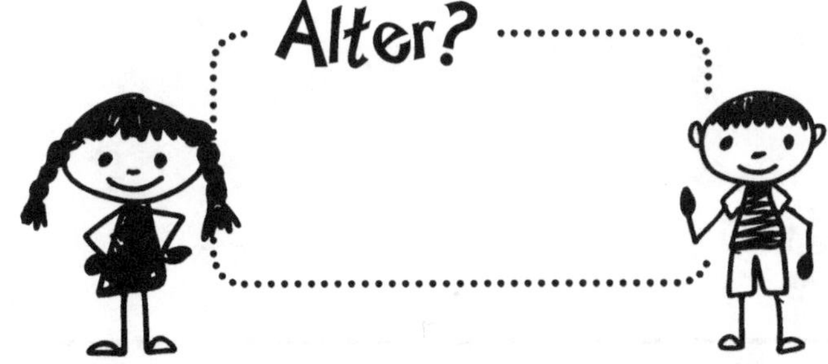

Wann und wo wurde es gesagt? _______________   Alter?

Wer hat es gehört? _______________________

Wann und wo wurde es gesagt? _______________   Alter?

Wer hat es gehört? _______________________

Wann und wo wurde es gesagt? _______________

Wer hat es gehört? _______________

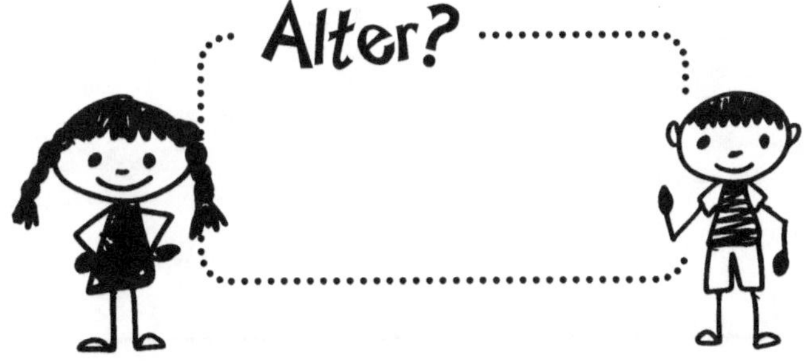

Wann und wo wurde es gesagt? _______________ Alter?

Wer hat es gehört? _______________

,,

"

Wann und wo wurde es gesagt? _______________ Alter?

Wer hat es gehört? _______________

,,

"

Wann und wo wurde es gesagt? _______________

Wer hat es gehört? _______________

Alter?

Wann und wo wurde es gesagt? _______________ Alter?

Wer hat es gehört? _____________________________

Wann und wo wurde es gesagt? _______________

Wer hat es gehört? _______________

Alter?

Wann und wo wurde es gesagt? _______________ Alter?

Wer hat es gehört? _____________________

"

"

Wann und wo wurde es gesagt? _______________ Alter?

Wer hat es gehört? _____________________

"

"

Wann und wo wurde es gesagt? _______________

Wer hat es gehört? _______________

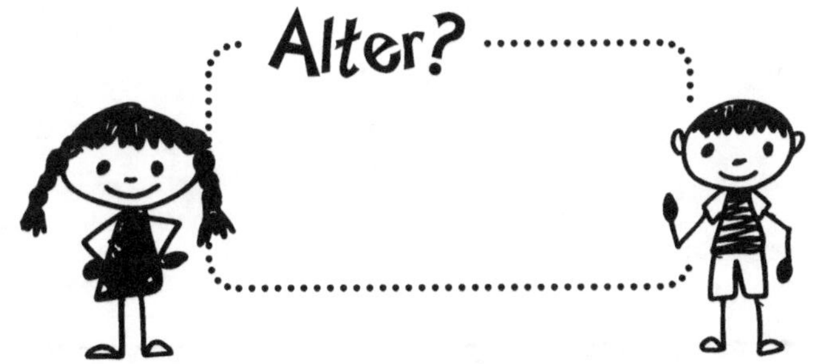

Wann und wo wurde es gesagt? _______________ Alter?

Wer hat es gehört? _______________________

„

"

Wann und wo wurde es gesagt? _______________ Alter?

Wer hat es gehört? _______________________

„

"

Wann und wo wurde es gesagt? _______________

Wer hat es gehört? _________________________

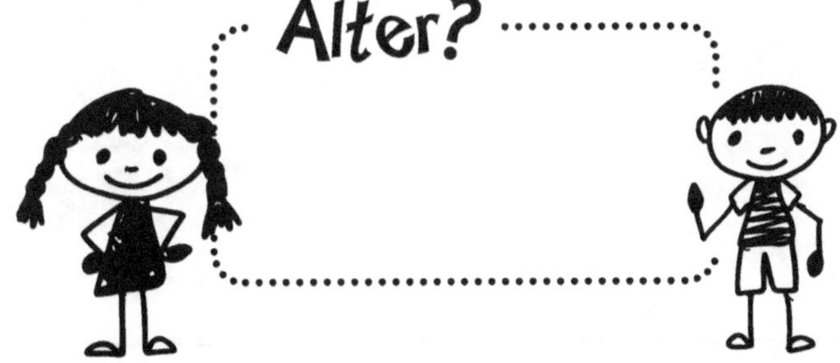

Alter?

Wann und wo wurde es gesagt?

Wann und wo wurde es gesagt? _______________ Alter?

Wer hat es gehört? _______________________

Wann und wo wurde es gesagt? _______________ Alter?

Wer hat es gehört? _______________________

Wann und wo wurde es gesagt? ____________________

Wer hat es gehört? ____________________

Alter?

Wann und wo wurde es gesagt? ______________   Alter?

Wer hat es gehört? ____________________

"
"

Wann und wo wurde es gesagt? ______________   Alter?

Wer hat es gehört? ____________________

"
"

Wann und wo wurde es gesagt? __________________________

Wer hat es gehört? __________________________

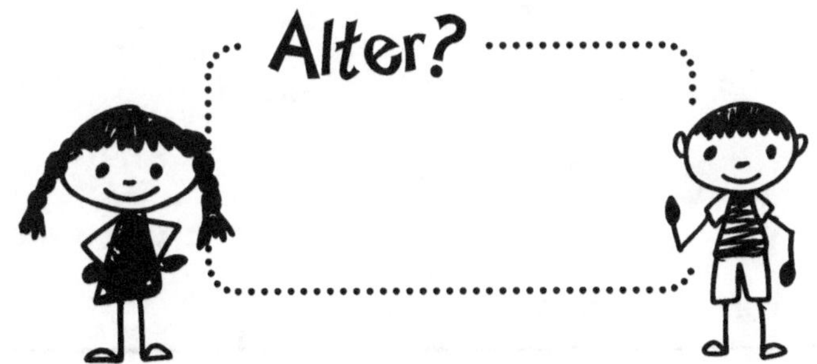

Wann und wo wurde es gesagt? _____________ Alter?

Wer hat es gehört? _____________

"

"

Wann und wo wurde es gesagt? _____________ Alter?

Wer hat es gehört? _____________

"

"

Wann und wo wurde es gesagt? _______________

Wer hat es gehört? _______________

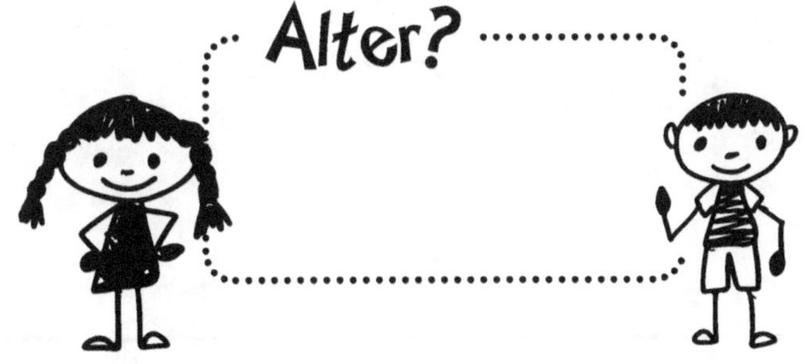

Wann und wo wurde es gesagt? _______________   Alter?

Wer hat es gehört? _______________________

,,

"

Wann und wo wurde es gesagt? _______________   Alter?

Wer hat es gehört? _______________________

,,

"

Wann und wo wurde es gesagt? _______________

Wer hat es gehört? _______________

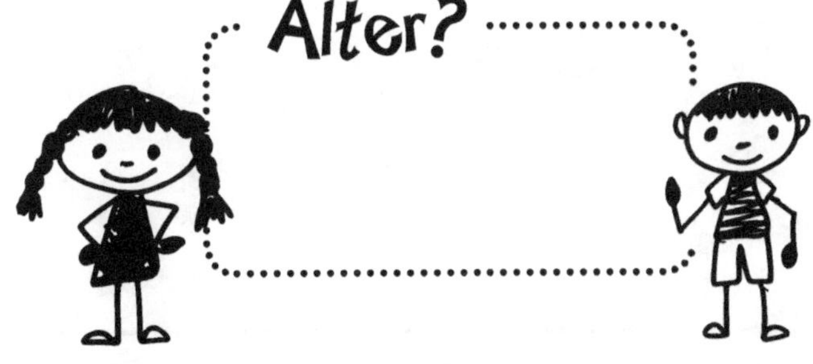

Wann und wo wurde es gesagt? _______________ Alter? _______

Wer hat es gehört? _____________________

„

"

Wann und wo wurde es gesagt? _______________ Alter? _______

Wer hat es gehört? _____________________

„

"

Wann und wo wurde es gesagt? _______________

Wer hat es gehört? _______________

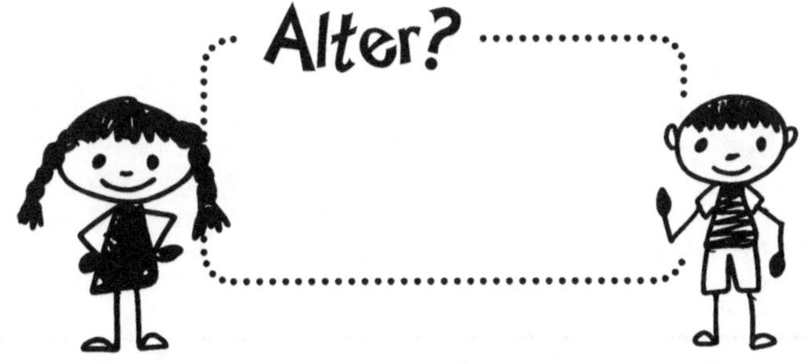

Alter?

Wann und wo wurde es gesagt? _______________   Alter?

Wer hat es gehört? _____________________

„

"

Wann und wo wurde es gesagt? _______________   Alter?

Wer hat es gehört? _____________________

„

"

Wann und wo wurde es gesagt? _______________

Wer hat es gehört? _______________

Wann und wo wurde es gesagt? _______________ Alter?

Wer hat es gehört? _______________________________

" ____

"

Wann und wo wurde es gesagt? _______________ Alter?

Wer hat es gehört? _______________________________

" ____

"

Wann und wo wurde es gesagt? _______________

Wer hat es gehört? _______________

Alter?

Wann und wo wurde es gesagt? _______________ Alter?

Wer hat es gehört? _______________________

,,

''

Wann und wo wurde es gesagt? _______________ Alter?

Wer hat es gehört? _______________________

,,

''

Wann und wo wurde es gesagt? _______________

Wer hat es gehört? _______________________

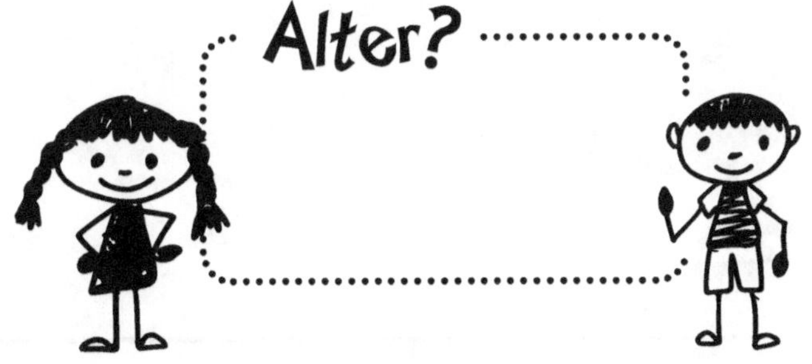

Wann und wo wurde es gesagt? _______________ Alter?

Wer hat es gehört? _______________

„ _______________ "

Wann und wo wurde es gesagt? _______________ Alter?

Wer hat es gehört? _______________

„ _______________ "

Wann und wo wurde es gesagt? _______________

Wer hat es gehört? _______________

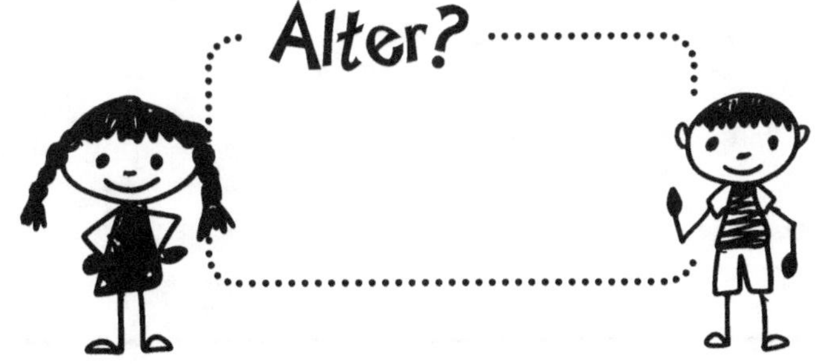

Wann und wo wurde es gesagt? _______________   Alter?

Wer hat es gehört? _______________________

„

"

Wann und wo wurde es gesagt? _______________   Alter?

Wer hat es gehört? _______________________

„

"

Wann und wo wurde es gesagt? _______________

Wer hat es gehört? _________________________

Alter?

71

Wann und wo wurde es gesagt? _______________ Alter?

Wer hat es gehört? _______________________

99

Wann und wo wurde es gesagt? _______________ Alter?

Wer hat es gehört? _______________________

99

Wann und wo wurde es gesagt? _______________

Wer hat es gehört? _______________

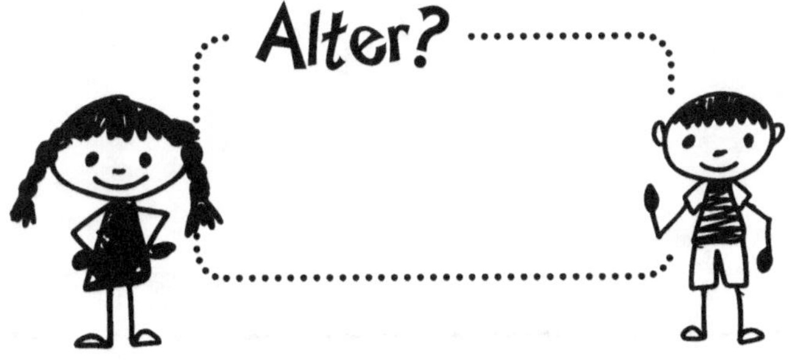

Wann und wo wurde es gesagt? _____________   Alter?

Wer hat es gehört? _____________________

,,

”

Wann und wo wurde es gesagt? _____________   Alter?

Wer hat es gehört? _____________________

,,

”

Wann und wo wurde es gesagt? _______________

Wer hat es gehört? _______________

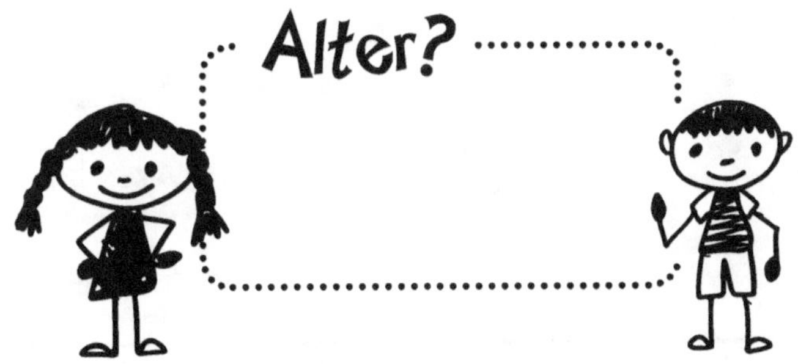

Wann und wo wurde es gesagt? _______________   Alter?

Wer hat es gehört? _______________________

,,

"

Wann und wo wurde es gesagt? _______________   Alter?

Wer hat es gehört? _______________________

,,

"

Wann und wo wurde es gesagt? _______________

Wer hat es gehört? _______________

"

Alter?

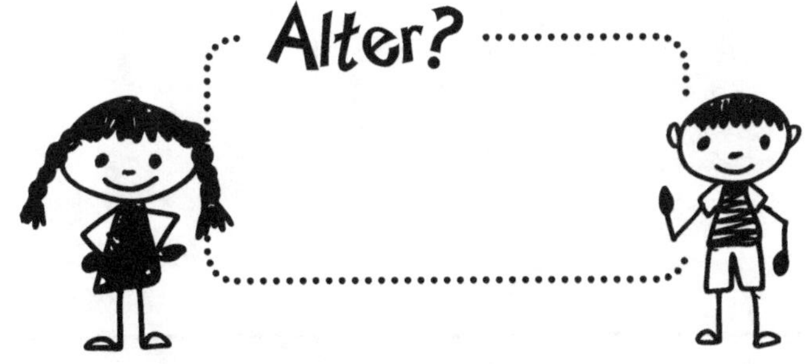

Wann und wo wurde es gesagt? _______________ Alter?

Wer hat es gehört? _____________________

,, ________________________________

                                        ''

Wann und wo wurde es gesagt? _______________ Alter?

Wer hat es gehört? _____________________

,, ________________________________

                                        ''

Wann und wo wurde es gesagt? _______________

Wer hat es gehört? _______________

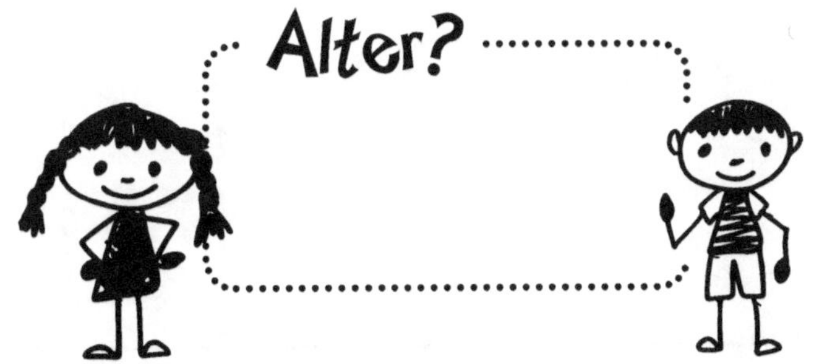

Wann und wo wurde es gesagt? _______________   Alter?

Wer hat es gehört? _______________________

99

66

Wann und wo wurde es gesagt? _______________   Alter?

Wer hat es gehört? _______________________

99

66

Wann und wo wurde es gesagt? _______________

Wer hat es gehört? _______________

Alter?

Wann und wo wurde es gesagt? _______________ Alter?

Wer hat es gehört? _______________________

"

"

Wann und wo wurde es gesagt? _______________ Alter?

Wer hat es gehört? _______________________

"

"

Wann und wo wurde es gesagt? ______________________

Wer hat es gehört? ______________________

Alter?

Wann und wo wurde es gesagt? _______________ Alter?

Wer hat es gehört? _______________

„

"

Wann und wo wurde es gesagt? _______________ Alter?

Wer hat es gehört? _______________

„

"

Wann und wo wurde es gesagt? _______________

Wer hat es gehört? _______________

„

"

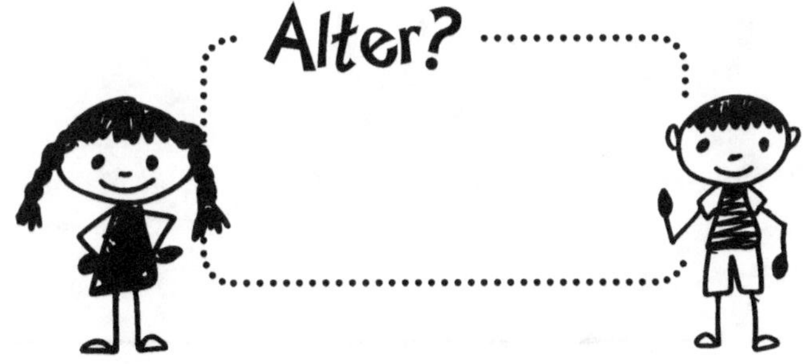

85

Wann und wo wurde es gesagt? _______________ Alter?

Wer hat es gehört? ___________________________

,,

____

Wann und wo wurde es gesagt? _______________ Alter?

Wer hat es gehört? ___________________________

,,

____

Wann und wo wurde es gesagt? _______________

Wer hat es gehört? _______________

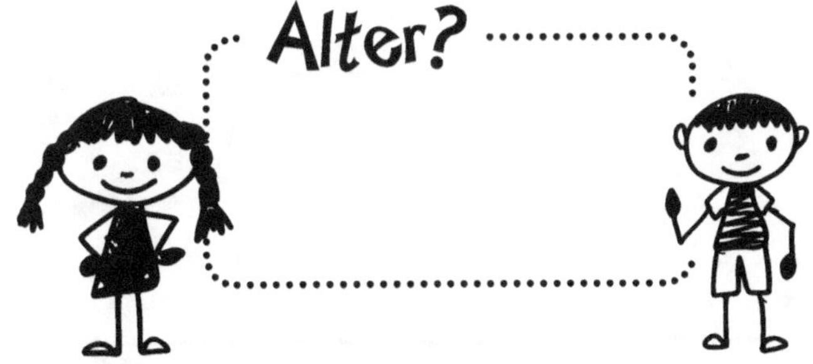

Alter?
Wann und wo wurde es gesagt?

Wann und wo wurde es gesagt? _______________   Alter?

Wer hat es gehört? _______________________

,,

＂

Wann und wo wurde es gesagt? _______________   Alter?

Wer hat es gehört? _______________________

,,

＂

Wann und wo wurde es gesagt? _______________

Wer hat es gehört? _______________________

Alter?

Wann und wo wurde es gesagt? _______________ Alter?

Wer hat es gehört? _______________________

,,

Wann und wo wurde es gesagt? _______________ Alter?

Wer hat es gehört? _______________________

,,

Wann und wo wurde es gesagt? _______________

Wer hat es gehört? _______________________

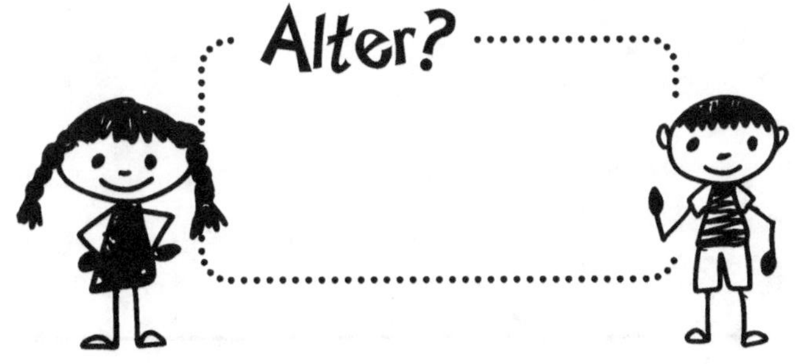

Wann und wo wurde es gesagt? _______________ Alter?

Wer hat es gehört? _______________

,,

''

Wann und wo wurde es gesagt? _______________ Alter?

Wer hat es gehört? _______________

,,

''

Wann und wo wurde es gesagt? ___________________________

Wer hat es gehört? ___________________________

„

"

Alter?

Wann und wo wurde es gesagt? _______________ Alter?

Wer hat es gehört? ___________________________

"

"

Wann und wo wurde es gesagt? _______________ Alter?

Wer hat es gehört? ___________________________

"

"

Wann und wo wurde es gesagt? _______________

Wer hat es gehört? _______________

Alter?

Wann und wo wurde es gesagt? _______________ Alter?

Wer hat es gehört? _____________________

,,

Wann und wo wurde es gesagt? _______________ Alter?

Wer hat es gehört? _____________________

,,

Wann und wo wurde es gesagt? _______________

Wer hat es gehört? _____________________

Wann und wo wurde es gesagt? _______________ Alter?

Wer hat es gehört? _______________________

,,

Wann und wo wurde es gesagt? _______________ Alter?

Wer hat es gehört? _______________________

,,

Wann und wo wurde es gesagt? _______________

Wer hat es gehört? _______________

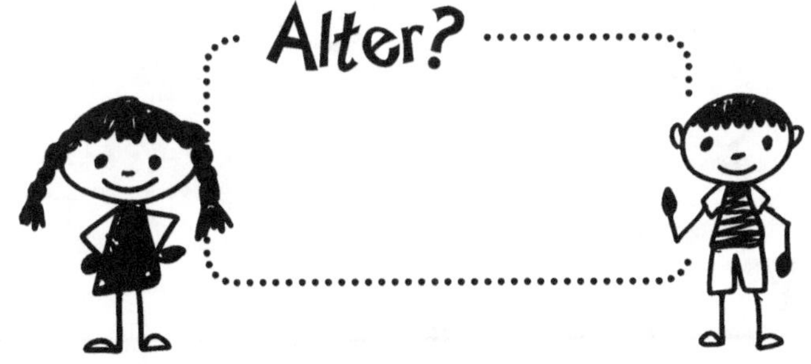

Wann und wo wurde es gesagt? _______________ Alter?

Wer hat es gehört? _________________________

,,

''

Wann und wo wurde es gesagt? _______________ Alter?

Wer hat es gehört? _________________________

,,

''

Wann und wo wurde es gesagt? _______________

Wer hat es gehört? _______________

Wann und wo wurde es gesagt? _______________ Alter?

Wer hat es gehört? _______________________

„

"

Wann und wo wurde es gesagt? _______________ Alter?

Wer hat es gehört? _______________________

„

"

Wann und wo wurde es gesagt? _______________

Wer hat es gehört? _______________

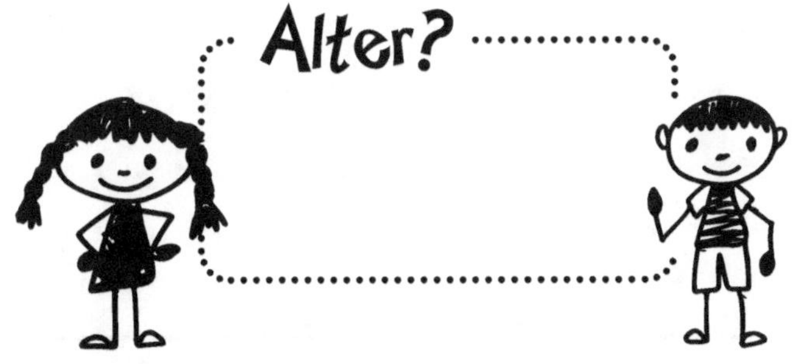

Wann und wo wurde es gesagt? _______________ Alter? ⸬⸬⸬⸬⸬

Wer hat es gehört? _______________________

>

Wann und wo wurde es gesagt? _______________ Alter? ⸬⸬⸬⸬⸬

Wer hat es gehört? _______________________

>